LE MOINE

POËME LYRIQUE EN DEUX PARTIES

(D'après le roman de Lewis)

PAR M. HIPPOLYTE LUCAS

MUSIQUE DE

HENRY COHEN.

Prix : 50 centimes.

AU BUREAU CENTRAL DE MUSIQUE,

8, RUE FAVART.

1851

AMBROSIO (le Moine). . . .   M. Hermann Léon.

LORENZO. . . . .   M. Jourdan.

ANTONIA. . . . .   Mlle Dobré.

MATHILDE (Lucifer). . . . .   Mlle Vavasseur.

Chœur de Démons.

Chœur du Peuple.

Chœur des Inquisiteurs.

N. B. Les paroles étant la propriété exclusive des auteurs, il est interdit de les remettre en musique.

PREMIÈRE PARTIE.

N° 1. La Conjuration.

MATHILDE, LES DÉMONS.

LES DÉMONS.

Il est là dans l'église
Où la foule est assise,
Tremblante à ses accents !
On l'écoute en silence ;
C'est contre nous qu'il lance
Ses traits les plus puissants !

MATHILDE.

Noirs esprits des ténèbres,
Trêve à vos chants funèbres ;
O démons, taisez-vous !
Le moine ici s'avance.
Selon notre espérance,
L'amour le livre à nous.
L'amour sur tout ce qui respire
Étend son invincible empire.
Bientôt le cœur ému soupire ;
Toute âme est ouverte au péché.
L'amour est notre auxiliaire.

Démons, démons, laissez-le faire ;
L'amour rit au pied de la chaire
Où l'orgueilleux moine a prêché.
          Une image chérie
          Vient toujours en secret
          Arrêter, quand il prie,
          Son œil sombre et distrait.
          Je lui ferai connaître
          Cette chaste beauté,
          Quelle flamme va naître
          Dans son sein tourmenté !

CHŒUR DES DÉMONS.

Il est là dans l'église, etc.

N° 2. Le Moine.

AMBROSIO, *seul.*

Quel trouble dans mes sens ! d'où vient cette épouvante ?
          Dans l'ombre du parvis sacré,
Sous ces vastes arceaux, pas une âme vivante,
          Excepté moi, n'a demeuré.
La foule est écoulée, et pourtant, ô mystère !
Je crois entendre errer des rires et des voix
          Autour du monastère...
Ces accents m'ont ému déjà plus d'une fois.
Qui donc de son silence ose braver les lois ?

(Il regarde un tableau.)

Chassons le trouble qui m'oppresse,

Remplissons d'une heureuse ivresse
Ce cœur créé pour la tendresse...
Doux portrait, charme encor mes yeux!
O prodige, ô beautés étranges!
Parmi les célestes phalanges
Le peintre, au milieu de ses anges,
A vu la Vierge dans les cieux.

O pure et ravissante image,
Blonds cheveux, rose et frais visage,
Recevez mon ardent hommage.
Je ne forme plus qu'un seul vœu.
Pour voir s'animer ce sourire,
Je donnerais, dans mon délire,
Si j'étais roi, tout mon empire,
Le monde entier, si j'étais dieu!

(On entend le chœur lointain des Démons.)

Encore ces murmures!
Encore ces accents!
Comme si j'exhalais, sous ces voûtes obscures,
Un sacrilége encens.

La Vierge, est-ce une femme
Qui possède mon âme?
D'une coupable flamme
Suis-je donc consumé?
Il semble qu'on me blâme,
Qu'on me déclare infâme,
Qu'un bûcher me réclame
Déjà tout allumé!

1.

Anxiété cruelle ! indicible souffrance !
Ai-je donc fait du mal ?
Mais que vois-je ? on s'avance
Vers mon saint tribunal !
C'est une femme : elle est voilée...
Reprends, reprends ta paix, pauvre âme désolée,
Pour en calmer une autre au confessionnal.

N° 3. La Confession.

ANTONIA, AMBROSIO.

ANTONIA.

Écoutez-moi, mon père,
Je viens me confesser ;
Écoutez ma prière,
Dieu veuille l'exaucer.

AMBROSIO.

Parlez, parlez, ma fille,
Dieu se plaît au pardon ;
Quelle est votre famille,
Et quel est votre nom ?

ANTONIA.

C'est Antonia qu'on me nomme,
Une tante habite avec moi.
J'adore un jeune gentilhomme,
Demain je lui donne ma foi.
Demain a lieu le mariage.

Avant cette douce union,
Je viens chercher, selon l'usage,
Votre sainte absolution.

AMBROSIO.

Parlez, ô ma fille, sans crainte.
Quels péchés avez-vous commis ?
Dites : par ma puissance sainte
Ils pourront vous être remis.
Votre poitrine est oppressée,
Votre front se voile à demi.
Expliquez-moi votre pensée ;
Un confesseur est un ami.

ANTONIA.

O mon père, je l'aime
D'un amour extrême.
Dans l'église même
Mon cœur est à lui.
Si Dieu s'en offense,
Que votre sentence
A la pénitence
M'appelle aujourd'hui.

AMBROSIO.

En effet, Dieu condamne
Un amour profane.
Brûler d'un tel feu
Jusque dans son saint lieu !...

ENSEMBLE.

ANTONIA.

Si vous saviez quelle tendresse
A ma vue éclate en ses yeux !
O mon père, sa douce ivresse
Fait rêver le bonheur des cieux.

AMBROSIO.

Qu'ai-je entendu ? quelle tendresse !
Quels transports ! quels brûlants aveux !
Ainsi cette terrestre ivresse
Fait rêver le bonheur des cieux.

Au jeûne, à la prière,
Il faut avoir recours.
Une retraite austère
Combattra vos amours.

ANTONIA.

Le jeûne et la prière
Ne sauraient m'effrayer.
Je puis tout, ô mon père,
Excepté l'oublier.
Bénissez-moi ; voyez, dans mes yeux brille
La larme des regrets.

(Elle se dévoile.)

AMBROSIO.

Je vous bénis, ma fille ..
Mais qu'ai-je vu ! quels traits !

ENSEMBLE.

ANTONIA.

Sainte puissance,
A l'espérance
Livrons mon cœur!
Divin bonheur!
Belle journée
De l'hyménée,
Ton nœud constant
Bientôt m'attend.

AMBROSIO.

O ressemblance!
Suis-je en démence?
Est-ce une erreur?
Tremble, ô mon cœur!
O destinée
Infortunée,
Terrible instant!
Quel sort m'attend!
C'est elle, oh! oui, c'est bien elle,
Elle dont le portrait
D'une ardeur infidèle
M'enivrait
En secret.
Est-ce un démon qui prend les traits d'un ange
Pour tenter ma vertu,
Pour précipiter dans la fange
Mon orgueil abattu?...

ANTONIA.

Quel tr...ble vous agite ?
D'où vient que votre sein palpite ?
Mon père, vous repentez-vous ?

AMBROSIO *avec effort.*

Non, non, ma fille, unissez-vous
À votre époux.

ENSEMBLE.

ANTONIA.

Sainte puissance, etc.

AMBROSIO.

O ressemblance, etc.

PREMIER FINALE.

N° 4. L'attente.

LORENZO *seul.*

Dans cet asile elle devait m'attendre.
Antonia..... Je la croyais ici.
Ma voix en vain se fait entendre.
Loin d'elle, oh ! quel est mon souci !

Viens, c'est ton amant qui t'appelle ;
Dans l'attente il verse des pleurs ;
Viens, ton absence est si cruelle,
Viens, ou je meurs.

Je crois, quand la brise sonore
Arrive en effeuillant des fleurs,

Entendre tes pas que j'adore...
    Viens, ou je meurs.

Je crois, lorsque la tourterelle
Au loin soupire ses douleurs,
Que c'est ta voix tendre et fidèle ;
    Viens, ou je meurs.

N° 5. Les Serments.

LORENZO, ANTONIA.

LORENZO, *appelant.*

Antonia...

ANTONIA, *répondant de loin.*

Lorenzo.

LORENZO, *avec transport.*
    Mon amie !

ANTONIA.

Heureux moment !

LORENZO.

Combien mon âme est ravie !

ANTONIA.
Dieu va bénir notre serment !
O doux ami de mon enfance,
Grâce à cette sainte espérance,
Je puis donc avec innocence
Livrer mon secret à ta foi !
Quels transports charmants je sens naître !

Sans peur, je t'accepte pour maître.
Jamais, oh ! non , jamais peut-être,
Jamais on n'aima comme moi.

ENSEMBLE.

O tendre et pure extase !
O charme de l'amour !
Quel doux rayon m'embrase ,
Aurore d'un beau jour !

LORENZO.

Doux aveux , sainte confidence ,
Le ciel comble mon espérance ;
Mon cœur avec reconnaissance
S'enchaîne sous ta douce loi.
Les transports que tu fais paraître
De bonheur enivrent mon être.
Oh ! non ! jamais , jamais peut-être ,
Jamais on n'aima plus que moi.

ENSEMBLE.

O tendre et pure extase !
O charme de l'amour !
Quel feu divin m'embrase !
Salut ! éternel jour !

ANTONIA.

Cependant je frémis sans cesse.
Un jour , une devineresse

M'arrêta dans le chemin ;
Elle saisit ma main :
Mon enfant, me dit-elle,
Vous êtes chaste et belle,
Mais redoutez un homme plein d'orgueil ;
Vous portez un signe de deuil.
Depuis ce jour, j'éprouve une peine secrète.

LORENZO, *lui prenant la main.*

Oh ! ne sois pas inquiète ;
Je lis dans ta charmante main
Un signe bien plus certain.

Songe, ô ma fiancée !
Songe que dès demain
Ta main sera placée
A jamais dans ma main.

ANTONIA.

Oui, toute autre pensée
Doit s'enfuir ; oui... demain
Ma main sera placée
A jamais dans ta main.

ENSEMBLE.

A demain
Notre hymen !

N° 6. L'Enfer.

MATHILDE, LES DÉMONS.

MATHIDE.

Ah! ah! ah! ah! quelle tendresse...
Ah! ah! ah! ah! voyez donc leur ivresse.
Pauvres amants, remplis d'un vain espoir,
Ce qu'on voit le matin est-il debout le soir?

LES DÉMONS.

Ah! ah! ah! ah! etc.

MATHILDE.

Allez, vous ignorez la vie;
Autour de vous veille l'envie.
La plus belle fleur est ravie
    Par un souffle orageux.
L'amour, rien n'est plus éphémère;
Le poison rend la coupe amère;
L'enfant sur le sein de la mère
    Expire dans les jeux.

LES DÉMONS.

Ah! ah! ah! ah! etc.

MATHILDE.

Vous que l'amour agite,
Heureux de votre choix,
Vous oubliez trop vite
Que l'enfer a ses droits.

Ici-bas tout succombe
Sous son pouvoir mortel ;
L'enfer met une tombe
Où l'on rêve un autel.

LES DÉMONS.

Vous que l'amour agite,
Heureux de votre choix,
Vous oubliez trop vite
Que l'enfer a ses droits.
Ah ! ah ! ah ! ah ! etc.

FIN DE LA PREMIÈRE PARTIE.

DEUXIÈME PARTIE.

N° 7. Le Mariage.

AMBROSIO, LORENZO, ANTONIA, CHŒUR.

CHŒUR.

Le bel hyménée,
Pompe fortunée
Digne d'une cour !
La superbe fête
Quand l'hymen s'apprête
Au nom de l'amour !

AMBROSIO, *à part.*

Voici donc le moment funeste
Où ma main va bénir leur hymen abhorré ;
Un autre va jouir de ce bonheur céleste
Que j'aurais tant désiré.
Quel feu me consume !
Dans mon sein s'allume
Une envieuse ardeur.
O désespoir, ô rage !

Leur heureux mariage
Me remplit de fureur.

LORENZO, ANTONIA.

O brillante journée,
Charmante destinée
  Qui nous unit !
Des cieux la voûte est pure,
Tout rit dans la nature ;
  Dieu nous bénit.

LE CHŒUR.

Le bel hyménée, etc.

AMBROSIO.

Approchez, mes enfants, voici l'heure. (*A part.*) O supplice !

  (Haut.)
    Voulez-vous être époux ?

ANTONIA.

Oui.

LORENZO.

Oui.

AMBROSIO , *avec effort.*

Goûtez à jamais le délice
D'un amour légitime et doux ;
Je vous unis. (*A part.*) Transport jaloux !

2.

ENSEMBLE.

LORENZO, ANTONIA.

Quel divin charme !
Ah ! de mes yeux
Tombe une larme ;
Bonheur des cieux !

AMBROSIO.

Cruelle alarme !
Ah ! de mes yeux
Tombe une larme ;
Jour odieux !

AMBROSIO.

La sainte cérémonie
Est finie,
Je dois vous quitter.
A la fête où la joie
Se déploie
Je ne puis assister.
J'ai rempli mon ministère,
Je rentre au monastère :
Je vais prier pour vous ; Dieu veuille m'écouter.

LE CHŒUR.

Il s'éloigne : allons, camarades,
Allons, prenons des instruments ;

Au festin nuptial avec des sérénades
Conduisons ces heureux amants.

SÉRÉNADE.

Dans l'azur qui se voile,
Pour réjouir nos yeux
Dieu fait luire l'étoile
        Aux cieux.
Dieu parfumant la terre
 D'une suave odeur
Cache au bois solitaire
        La fleur.
Comme un rayon de flamme
Dans un divin séjour,
Dieu met au fond de l'âme
        L'amour.

On entend de loin les derniers accents de la sérénade que répètent égale-
lement Lorenzo et Antonia.)

N° 8. La Tentation.

MATHILDE, AMBROSIO.

MATHILDE.

O moine, ils sont à table :
N'entends-tu pas leurs gais accents?
Un festin délectable
Achève d'enivrer leurs sens.

AMBROSIO.

Que me veux-tu, démon ou femme,
O toi qui suis partout mes pas ?
Laisse-moi donc : ne trouble plus mon âme,
Ne me tente pas.

MATHILDE.

Ainsi cette beauté charmante,
Pareille à la Vierge des cieux,
Que tu désirais pour amante ,
Embellira les jours d'un autre sous tes yeux.
Tant de nuits sans sommeil passées,
Désormais,
A jamais
Sont de ta mémoire effacées ;
Il ne te souvient plus déjà que tu l'aimais.

AMBROSIO.

Si je l'aimais !... ah! son image
Avec des traits de flamme est gravée en mon cœur :
Je l'aime encore davantage
Depuis qu'un autre doit en être possesseur.

ENSEMBLE.

AMBROSIO.

Noire jalousie ,
Mon âme est saisie
De ta vive ardeur ;
Pour moi dans la vie

Il n'est plus d'envie,
Plus de bonheur!

MATHILDE.

Par la jalousie
Son âme est saisie;
L'enfer est vainqueur.
Selon notre envie,
Nous aurons sa vie
Et son honneur.

MATHILDE.

Insensé, tu peux la reprendre
Aux bras mêmes de son époux.

AMBROSIO.

Que dis-tu? je ne puis comprendre...

MATHILDE.

J'ai pitié de tes vœux jaloux :
A cette noce, au milieu de leur joie
Tu peux arracher cette proie;
Veux-tu t'en rapporter à moi?

AMBROSIO.

Explique-toi.

MATHILDE.

Dans la coupe enchanteresse
Que ton Antonia presse
Sur ses lèvres avec transport,
Je peux, au lieu d'une amoureuse ivresse,

Verser un long sommeil qui ressemble à la mort.
Soudain inanimée, on croit qu'elle succombe.
O moine, on prépare sa tombe
Dans les caveaux du cloître où tu vas méditer,
Où, toi seul excepté, jamais n'entre personne.
Ainsi que Juliette autrefois à Vérone
Elle se réveille et frissonne...
Tu seras là... tout prêt à l'emporter
Dans une autre contrée ;
Vous y pourrez mener une vie ignorée ;
Ce bonheur, veux-tu le goûter ?

AMBROSIO.

Se peut-il ? quelle espérance !

MATHILDE.

Calme donc, calme ta souffrance ;
Ce bonheur, veux-tu le goûter ?

AMBROSIO.

Non, non, fuis loin de moi, je ne puis t'écouter.

ENSEMBLE.

MATHILDE.

Cède à tes désirs, cède,
Songe à ses doux attraits.
C'est l'unique remède
A tes soupirs secrets.
(A part.)
Notre puissance est forte ;

En de pareils combats
La passion l'emporte :
Tu nous appartiendras.

AMBROSIO.

Ah ! c'en est fait, je cède
A mes désirs secrets ;
Oui, que je la possède
Et que je meure après.
Honneur, devoir, qu'importe ?
Allons, plus de combats !
Je veux, vivante ou morte,
La presser dans mes bras.

N° 9. Le Convoi.

LORENZO, LE CHŒUR.

LORENZO.

Laissez-moi, laissez-moi la suivre
Dans le sombre caveau ;
Laissez-moi , puis-je vivre
Quand elle est au tombeau ?
Antonia chérie,
Trésor d'amour, de foi,
Sur la terre flétrie
Que ferais-je sans toi ?
Vers la voûte éternelle,
Mon pauvre ange envolé,

Reviens, et sur ton aile
Prends mon cœur désolé.

LE CHŒUR.

Comme il souffre, comme il pleure !
O Lorenzo, du sort il faut subir la loi.
Vers sa funèbre demeure
Laisse aller le convoi.

LORENZO.

Non, laissez-moi la suivre
Dans le sombre caveau,
Laissez-moi ; puis-je vivre
Lorsqu'elle est au tombeau ?

La même destinée
Nous unira demain.
Laissez sa tête ornée
Des guirlandes d'hymen ;
Otez de son front pâle
Ces insignes de deuil ;
La couche nuptiale
Ce sera son cercueil.

LE CHŒUR.

Comme il souffre, comme il pleure, **etc.**

LORENZO.

Laissez-moi…. laissez-moi la suivre, etc.

N° 10. Le Caveau funèbre.

AMBROSIO, ANTONIA, *puis* LORENZO, LE CHŒUR.

AMBROSIO, *une lampe à la main.*

Comme mon cœur palpite
En ces caveaux obscurs!
De ma lampe qu'un souffle agite
Vacillent les rayons moins purs.

(Silence.)

Elle est là qui repose.
Je veux m'approcher, et je n'ose :
J'éprouve une vive terreur,
De mon crime à présent je vois toute l'horreur.
Sa joue à peine éclose,
Belle fleur du printemps,
A repris d'une rose
Les reflets éclatants.
On dirait qu'un doux rêve
A fait battre son cœur,
Son beau sein se soulève,
O délice... ô frayeur !

ANTONIA, *d'une voix faible.*

Lorenzo !

AMBROSIO.

Dieu! quel nom a prononcé sa bouche !
Craignons que la clarté d'abord ne l'effarouche.

Il éteint sa lampe.)

ANTONIA.

Lorenzo, tu n'es pas là.

AMBROSIO.

Me voilà.

ANTONIA.

Quelle nuit m'environne !
Étrange nuit pour une nuit d'hymen.
Je suis glacée… ah ! donne,
Donne-moi ta main
Pour réchauffer la mienne.

AMBROSIO.

Cher ange !

ANTONIA.

Cette voix, non, ce n'est pas la sienne,
Et ce n'est pas sa main.
Quel frisson pénètre mon sein !
Ah ! qui donc êtes-vous ? quel est votre dessein ?

AMBROSIO.

Je suis un homme qui t'adore,
Un homme que depuis longtemps
Une secrète ardeur dévore,
Dont les amours seront constants.
Ce n'est pas à ton patrimoine,
Enfant, que s'adresse mon vœu.
Je suis le moine,
Et pour toi je renonce à Dieu.

ANTONIA.

Ciel! qu'entends-je? est-ce un songe
Qui m'accable de stupeur?

AMBROSIO.

Ah! ce n'est point un nocturne mensonge;
Dans mes bras cesse d'avoir peur.
Viens, suis-moi, sois ma femme
Dans un autre pays.

ANTONIA.

Ah! quel langage infâme
A troublé mes esprits!
Quel délire! ô mon âme,
Mon âme, as-tu compris?

AMBROSIO.

Viens donc, ou dans ce caveau sombre,
Malgré tout effort
Tu gémiras dans l'ombre
Jusqu'à la mort.

ANTONIA.

Plutôt, plutôt la mort.
Fuis, ô fils de Satan.... fuis, impur sacrilége!
La grâce de Dieu me protége,
Va, je ne te crains pas.

AMBROSIO.

Faible enfant, tu m'appartiendras.

ANTONIA.

Laissez-moi, je succombe,
Mais n'entends-je pas
Un bruit lointain....

LORENZO, *au dehors.*

Je veux la revoir dans sa tombe.

ANTONIA.

Quelle voix...

LORENZO.

Ah ! cessez de retenir mes pas,

AMBROSIO.

On vient, je suis perdu.

ANTONIA, *avec éclat.*

C'est Lorenzo lui-même.
O bonheur suprême !

AMBROSIO, *bas.*

Tais-toi, sur tes jours tais-toi.

ANTONIA, *avec plus d'éclat.*

Lorenzo, mon époux, viens à moi.
Hâte-toi, je meurs d'effroi.

LORENZO.

Antonia, mon amour le réclame,
De ce complot explique-moi l'horreur.

ANTONIA, *montrant le moine.*

Qu'on arrête cet homme infâme ;
Il a voulu mon déshonneur.
Honte à toi, misérable,
Toi, dont le pas coupable
Dans l'ombre vénérable
Profana ce saint lieu.
Que ton sort s'accomplisse,
Va subir ton supplice,
Va chercher la justice
Au tribunal de Dieu.

ENSEMBLE.

AMBROSIO.

Honte à moi, misérable,
Moi, dont le pas coupable
Dans l'ombre vénérable
Profana ce saint lieu.
Que mon sort s'accomplisse,
Subissons mon supplice,
Redoutons la justice
Du tribunal de Dieu.

LORENZO *et* LE CHOEUR.

Honte à toi, misérable,
Toi, dont le pas coupable
Dans l'ombre vénérable
Profana ce saint lieu.

3.

Que ton sort s'accomplisse,
Va subir ton supplice,
Va chercher la justice
Au tribunal de Dieu.

SECOND FINALE.

N° 11. Le Pacte.

AMBROSIO, MATHILDE, CHOEUR DES DÉMONS, LE PEUPLE.

UNE PARTIE DU PEUPLE, *au dehors.*

Se peut-il... c'était lui... lui, le moine superbe ?
Dans l'abîme du vice il s'est précipité.
Il ressemblait au cèdre... et comme le brin d'herbe,
Aux quatre vents du ciel un souffle l'a jeté.

UNE AUTRE PARTIE DU PEUPLE.

Eh quoi ! de l'orgueil de son âme
Le démon a donc triomphé,
Et pour lui s'apprête la flamme
D'un solennel auto-da-fé.

AMBROSIO, *dans la prison.*

Ma honte est à présent en tous lieux répandue.
Autour de ma prison s'exhale le mépris.
On portait ma louange au-dessus de la nue.
Je n'entends plus que d'injurieux cris.

Vingt ans d'innocence et de gloire
Se sont abîmés en un jour.
A tout jamais sur ma mémoire
Pèsera ce funeste amour.
Tout s'apprête pour mon supplice.
Le saint tribunal veut ma mort.
Faut-il que l'arrêt s'accomplisse!
Mon Dieu ! prends pitié de mon sort !

MATHILDE *et* LES DÉMONS.

Qu'un pacte nous le livre,
Le supplice l'attend.
Il tremble, il voudrait vivre.
Voici, voici l'instant.

(Seule à Ambrosio.)

Tu vas mourir.

AMBROSIO.

C'est toi dont le conseil perfide
Me plonge dans l'enfer.
Je te reconnais, affreux guide :
Ton nom est Lucifer.

MATHILDE.

Je viens pour te sauver la vie.
De ton bûcher on prépare les feux.
Toute espérance ici-bas t'est ravie,
Si tu ne cèdes à mes vœux.
Je peux te soustraire à leur rage ;
Je peux, sur un autre rivage,

T'emporter et te rendre heureux.
Signe ce pacte d'alliance.

AMBROSIO.

Vous livrer mon âme... Ah ! jamais.

MATHILDE.

N'as-tu donc pas de Dieu mérité la vengeance ?
Pauvre insensé, ton âme est à nous désormais.
Mais tu peux sur la terre encor goûter la joie.

(A part.)

Au repentir il faut fermer la voie.

(Haut.)

Entends ces chants religieux.
Dans un instant tu vas être la proie
Des inquisiteurs furieux.

CHOEUR, *dans l'église.*

Requiem æternam dona eis, Domine, et lux perpetua luceat eis.

AMBROSIO.

Mon Dieu ! je t'en supplie,
Sur moi jette un regard.

MATHILDE.

La prière est folie,
O moine, il est trop tard.

LE CHŒUR.

Cum sanctis tuis in æternum…..

MATHILDE.

Le chœur monte et résonne
Comme un funèbre glas.

AMBROSIO.

Mon àme m'abandonne ;
Je n'y vois plus, hélas !

MATHILDE.

Signe, et sous leurs yeux même,
Nous t'emportons soudain.
Signe…

AMBROSIO.

O torture extrême !

MATHILDE.

La plume est dans sa main.

LES DÉMONS, *à voix basse.*

La plume est dans sa main.

MATHILDE.

Il a signé. (*Avec les Démons.*) Ah ! ah ! il est à nous enfin.

ENSEMBLE.

AMBROSIO.

Quelle ardeur s'allume
Déjà dans mes sens !
Quel feu me consume !
Terribles tourments !
C'était une ruse,
Un infernal jeu.
Je n'ai plus d'excuse
Aux regards de Dieu.

MATHILDE *et* LES DÉMONS.

Notre feu s'allume
Déjà dans ses sens !
L'enfer le consume,
Il sent ses tourments.
Comme on vous abuse ;
C'est là notre jeu.
Mortels, notre ruse
Vous enlève à Dieu.

N° 12. Le bonheur.

LORENZO, ANTONIA, LE CHOEUR.

LORENZO.

Le moine a disparu dans un sombre nuage
Où les démons l'ont entraîné.

L'enfer doit être son partage,
Le moine est à jamais damné.
O mon amour! à nous le ciel sur cette terre;
A nous un hymen fortuné.
Enfin ce terrible mystère
Par le bonheur est couronné.

ANTONIA, *avec transport.*

Ah! mon âme est ravie
Dans un divin transport.
Je renais à la vie,
Du séjour de la mort.
Le désir qui t'enivre
Vient aussi m'enflammer.
Ah! qu'il est doux de vivre,
Doux de vivre et d'aimer!
Oui, tu l'as dit: à nous le ciel sur cette terre,
A nous un hymen fortuné.
Enfin ce terrible mystère
Par le bonheur est couronné.

ENSEMBLE.

ANTONIA *et* LORENZO.

A nous le ciel sur cette terre,
A nous un hymen fortuné.
Enfin ce terrible mystère
Par le bonheur est couronné.

LE CHOEUR.

Pour eux, le ciel sur cette terre,
Pour eux, un hymen fortuné.
Enfin ce terrible mystère
Par le bonheur est couronné.

FIN.

Paris. — Imp. de Mme Ve Dondey-Dupré, rue St-Louis, 46.